AF284572

Der Aphorismus

*... sprengt alles in die Luft
oder sogleich verpufft.*

Dago Berlin

Aphorismen

Wahre und absurde Sprüche

Bibliografische Information der
Deutschen Bibliothek:

Die Deutsche Bibliothek verzeichnet
diese Publikation in der Deutschen
Nationalbibliografie.
Detaillierte bibliografische Daten sind im
Internet über http://dnb.dnb.de abrufbar.

Illustrationen: Frank Stiefel

Herstellung und Verlag: BoD -
Books on Demand, Norderstedt

ISBN: 9783752859935

Vorwort

Der Mensch sucht nach einfachen Wahrheiten. Sie helfen ihm, das Leben besser zu verstehen. Vom Altertum bis heute haben uns Schriftsteller und Philosophen einen großen Schatz an geistreichen Zitaten hinterlassen.

Ein Aphorismus, die kürzeste literarische Ausdrucksform, ist ein pointiertes Gedankenspiel. In einem einzigen Satz werden eine Erkenntnis oder ein Geistesblitz prägnant und meist heiter auf den Punkt gebracht.

Auch in diesem Bändchen unternimmt der Autor den Versuch, die Realitäten und Absurditäten unserer Welt in knappen Wortspielen schlagartig zu beleuchten.

„Alle Menschen sind klug: Die einen vorher, die anderen nachher", lautet ein Aphorismus von Voltaire. Wenn der Leser nach der Lektüre des Büchleins nur ein klein wenig klüger als vorher ist, sollte das den Verfasser freuen.

Verbinde den Ernst des Lebens
mit der Freude daran.

*

Die Idee eines Einzelnen kann
viele erreichen.

*

Schärfe deinen Verstand, ehe
er stumpf wird.

Denkst du mit dem Herzen,
schmerzt der Kopf nicht.

*

Wir sind nicht alle gleich, die
Vielfalt macht uns reich.

*

Die Gegenwart trifft in einer
Sekunde auf die Zukunft.

Setzt die Statik aus,
stürzt das Haus ein.

Schweres lässt sich leichter
mit einem Schwips sagen.

*

Eine milde Frau zähmt den
wilden Mann.

*

Auch ein schlafender Riese
braucht ein waches Auge.

Der Irrtum ist ein Meer,
das niemals leer wird.

*

Rasen ist der schnellste Weg,
ins Gras zu beißen.

*

Arme Schlucker machen sich nichts
zu essen, nur Gedanken.

Make-up ist ein anderes Wort für
Kriegsbemalung.

*

Im Rosenfeld kommt auch
Unkraut zur Welt.

*

Jeden Tag schießt neues Unkraut
ins Kraut.

Eine gute Frau im Haus erfreut
dich überaus.

*

Die Dirne liegt verkehrt, ihr Po
ist nichts mehr wert.

*

Ist man alt, wird die Liebesglut kalt.

Karger Acker ist nicht die Bohne wert.

*

Sie war für die Liebe wie geschaffen,
ihr Mund küsste von selbst.

*

Meist kommt das Glück im unverhofften
Augenblick.

Die Hand vor dem Gesicht - eine
Tarnkappe gegen das Licht.

*

Der Schauspieler täuscht vor
mit eigenem Humor.

*

Verschwinden heißt auch Tod,
mal mit, mal ohne Not.

Der Bücherwurm macht um
E-Books einen großen Bogen.

Wer anderen auf die Finger sieht,
fällt nicht in ihre Hände.

*

Er sah sie kommen und atmete
das Glück ein.

*

Im Krieg lindert die Tugend die Not.

Ehe ich sie traf, war ich ganz.
Sie brach mich in Stücke.

*

Wo Freundlichkeit auf Kälte trifft,
wird es warm.

*

Manche Karteileichen bleiben
ewig am Leben.

Der beste Einfall ist noch keine Idee.

*

Viele Reiche sind letztlich sehr arm.

*

Neureiche können sehr schnell alt
aussehen.

Die Reise ins Innere des Menschen
ist schwerer als die zum Südpol.

*

Gedanken sind frei, auch hinter Gittern.

*

Aus Schweigen wird man klug.
Die Stille sagt genug.

Er hört nicht, was sie sagt; sie sagt
nicht, was er hören möchte.

*

Humor befreit uns jederzeit.

*

Auch die mir widersprechen,
bringen mich weiter.

In manchem Haus gibt es mehr
Tote als Lebendige.

*

Genug gesehen, Zeit zu gehen.

*

Das Geheimnis des Erfolgs ist
der Erfolg selbst.

Poesie reicht sich die Hand
mit der Magie.

*

Was die Lehrer vorkauen,
schlucken die Schüler.

*

Er kommt zu allen, nur nicht
zu sich selbst.

Wenn sie tanzt,
lächeln ihre Beine.

Eine Mutter stellt sich vor
und hinter ihre Kinder.

*

Zu viel Mut macht übermütig.

*

Kindsköpfig ist man nicht nur
im zarten Alter.

Ein Wort trifft genauer als eine
Schrotflinte.

*

Zu heiße Liebe kühlt rasch ab.

*

Am teuersten sind geschenkte
Sachen.

Ist man weg vom Fenster, sieht man leicht Gespenster.

*

Manchmal spart ein Umweg Zeit.

*

Er war so stolz wie hartes Holz.

Ist das Halsband zu eng, riskierst du
Kopf und Kragen.

*

Ein Schatten an der Wand raubt vielen
den Verstand.

*

Verspätung bringt höchste Eisenbahn
mit sich.

Liebe hat mehr Buchstaben als Hass.

*

Je näher er ihr kam, umso ferner
erschien sie ihm.

*

Die Zeit ist uns stets auf den Fersen.

Orden und Bomben fallen meist
auf Unschuldige.

*

Bolschewismus ist keine Form von
Alkoholismus.

*

Gehobene Begierden wecken
manchmal niedere Instinkte.

Kinder sind Virtuosen
in kurzen Hosen.

Wie oft lauscht man wider Willen
großem Stuss im Stillen.

*

Man sollte lieber übers Ziel hinaus als
daneben schießen.

*

Warum in aller Welt hängt alles
ab vom Geld!

Wer sich zu sehr duckt, wird am
Ende verschluckt.

*

Schicksalstage bringen die Welt
in Schieflage.

*

Moral ist böse, wenn sie nach
dem Fressen kommt.

Sie kriegt mehr Gehalt; Schönheit
wird bezahlt.

*

Schöner Mädchenzopf schießt durch
seinen Kopf.

*

Jede unendliche Geschichte hat
eine endliche Reichweite.

Stetiges Wachstum kann leider
auch ein Zeichen von Krebs sein.

*

Ein gutes Wort am rechten Ort, es
pflanzt sich fort.

*

Mit den Chips gewinnen wir Komfort
und verlieren Freiheit.

Wir haben zwei Ohren. Das eine hört zu,
das andere weg.

*

Die Sprache schafft sich Raum,
erzählt von manchem Traum.

*

Der Lärm der Welt kostet viel Geld.

Das Schach mag keinen Krach.

Zu viel Stolz macht dich hart
wie Holz.

*

Tiefsinn oder Posse - Highway oder
Gosse.

*

Heftige Begierde ist kaum eine Zierde.

Gefräßig ist ganz mittelmäßig.

*

Mit Blei am Fuß gelingt kein
satter Schuss.

*

Vorlass ist sicherer als Nachlass.

Jeder ist einmalig, aber ersetzlich.

*

Viel Krempel lenkt nur ab, der Konsum wird zum Grab.

*

Dankbarkeit ist der Schlüssel zum Glück.

Ich freu mich über freie Zeit, umarme
meine Dankbarkeit.

*

Behalten ist auch Verschwenden.

*

Versteht man kein Chinesisch, sind
Missverständnisse ausgeschlossen.

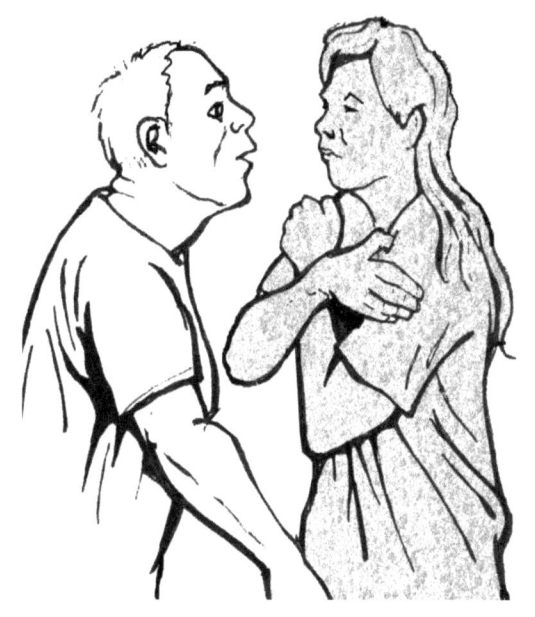

Er starrte sie so lange an,
bis sie erstarrte.

Sich nähern peu à peu, tut gut und
selten weh.

*

Engel wissen nichts vom Zorn.

*

Schuld und Sühne verlangen nach
großer Bühne.

Er fand sich in der Fremde besser
zurecht als in der fremd gewordenen
Heimat.

*

Zu oft dringt schöner Schein in unser
Leben ein.

*

Kinder haben Träume, Erwachsene
sind von Träumen besessen.

Wohin ich mich auch leg', ein Stern
weist mir den Weg.

*

Schmerz und Liebe sind Feinde des
Verstandes.

*

Nach Dieselauto-Düften wird's
höchste Zeit zum Lüften.

Rosen öffnen ihre Blüten ohne Lärm.

*

Der Maler greift Licht aus dem Schatten.

*

Eine Wand darf kein Vorwand sein,
nicht voran zu gehen.

Ungeduld verdirbt jedes Spiel.

*

Was gilt eine Kerze, die nicht brennt!

*

Auch wenn das Haar silbert, kann das Herz grünen.

Die Torheiten der Welt werden zu wenig in Frage gestellt.

*

Wer einer Frau die Tür aufmacht, kann ihr Herz öffnen.

*

Das Gaspedal fällt aus, ein Fall fürs Autohaus.

Wer die Posaune besitzt, ist weiter
zu hören.

*

Manche glänzen nur durch Referenzen.

*

Die Kirschen in Nachbars Garten
kümmert nicht, ob sie süßer sind.

Leute, die unbeliebt sind, haben eine gewisse Portion Mut.

*

Wer seine Bibliothek stark reduziert, liest mehr.

*

Frisst ein Land Betrügern aus der Hand, ist es bald abgebrannt.

Im Schatten des Schweigens badet
die Stille.

*

Kein Tiger braucht die Tatzen,
um sich einzukratzen.

*

Sex in früher Jugend - eine Not
wird zur Tugend.

Ein klappriger PKW
ist kein Rolles Royce.

Leises Stöhnen, wo sich Land und Meer
versöhnen.

*

Wer weiß schon recht, was echt ist und
was schlecht!

*

Die Welt zu spät kapiert, dass sie ganz
falsch marschiert.

Die Bahnen der Planeten kann man berechnen, die Irrläufe der Menschen nicht.

*

Bleibt cool und lasst die Spatzen doch pfeifen.

*

Glück ist, ohne Geld reich zu sein.

Wer nichts fürs Bett sucht, hat schon Gestell, Matratze, Decke und Kissen.

*

Jugend pfeift auf Tugend.

*

Was der Depp nicht weiß, macht ihn auch nicht heiß.

Liebe und Hass sind feindliche
Geschwister.

*

Wie oft der Sünder gefehlt,
hat er nie gern gezählt.

*

Beklag dich nicht über deine Umwelt,
sie schert sich nicht darum.

Schönheit: früher ein Lichtstrahl,
heute ein Teil der Bewerbung.

*

Wir werden von der verrückten Welt
täglich auf die Probe gestellt.

*

Der Satz „Nie wieder Krieg!" bezeichnet
eine Illusion.

Wer Kühe sucht im Hühnerstall,
hat einen Knall.

*

Wer mit den Hühnern scharrt,
lernt nie das Fliegen.

*

Die Jugend kommt zu früh,
erst spät versteh'n wir sie.

Die Reue zaudert gern, wenn
Sühne liegt uns fern.

*

Wenn der Mensch ist saturiert,
lebt er völlig ungeniert.

*

Wer reitet auf dem Wein,
wird nicht alleine sein.

Sich schweigend zu versteh'n,
ist mehr als schön.

*

Eine Frau spricht vor allem mit
ihren Augen.

*

Will nur die Schönheit glänzen,
hat Anmut ihre Grenzen.

Den richtigen Moment hat man
schon oft verpennt.

*

Viele Tote können mehr erzählen
als Lebende.

*

Wahrsagen bringt oft mehr
ein als die Wahrheit sagen.

Der Teufel zieht die Fäden
und holt am Ende jeden.

Absurde Welt

Das Absurde kann jeden beliebigen Menschen
an jeder beliebigen Straßenecke anspringen.
(Albert Camus)

Ein Mann beißt einen Hund.

*

Ein Baum wächst nach unten.

Adam reicht Eva einen Apfel.

*

Ein Korn findet ein blindes Huhn.

*

Ein Tor fliegt zu einem Fußball.

Ein Kopf sitzt auf dem Hut.

*

Zwei Jäger treffen sich, einer tot.

*

Ein Dieb lauert einem Polizisten auf.

Jack the Ripper sucht Sherlock Holmes.

*

Ein Firmenchef geht auf Jobsuche.

*

Der Tagedieb bleibt dem Nachtdienst fern.

Eine Maus fängt eine Katze.

Ein Geist will wieder in die Flasche.

*

Der Wirt schenkt reinen Wein ein.

*

Der Frühling folgt auf den Sommer.

Ein Gleis wird auf den Zug gesetzt.

*

Ein Mann erinnert sich schon an den nächsten Tag.

*

Sokrates beschimpft Xantippe

Ein Politiker sagt die Wahrheit.

*

Ein Huhn legt ein Ei – ohne
Geschrei!

*

Geld hat immer Zeit.

Ein Atheist betet.

*

Ein Stoiker zürnt dem Choleriker.

*

Trial and Error, nichts als Terror.

Gretchen verführt Faust.

Es strebt der Mensch, solang
er irrt.

*

Die Seele holt den Teufel.

*

Der Mond seufzt den Hund an.

Die Eltern kommen in die Pubertät.

*

Die Sonne schmilzt in der Butter.

*

Wunden heilen Zeit.